STRANGE FRUIT

Scénario : ASADA Atsushi
Dessins : ISHIKAWA Tatsuru

Volume 2

Mika Morita

Amie d'enfance de Tsubaki. Elle vit seule avec sa mère qui tient un bar.

Tsubaki Suzuki

Après 10 ans, elle rentre à Jûmonji, sa ville natale, pour poursuivre ses études au lycée.

Anna Yamazaki

Enlevée dans des circonstances mystérieuses il y a 10 ans. Décédée.

Moeko Miyamoto

Amie d'enfance de Tsubaki. Sa famille possède la clinique de la ville.

Kei Takahara

Jeune homme venu à Jûmonji pour reprendre l'enquête sur cette affaire vieille de 10 ans.

Mayo Gondô

Camarade de classe de Tsubaki. Fille du magnat Shûtarô Gondô.

Shûtarô Gondô

Magnat des télécoms.
Sous son impulsion,
Jûmonji s'est développée
de manière spectaculaire
en quelques années.

Lieutenant Kusano

Policier à Jûmonji.
Il enquête en solo sur
l'affaire Yamazaki.

PERSONNAGES PRINCIPAUX

Résumé des épisodes précédents

Tsubaki regagne sa ville natale après 10 ans d'absence. Elle semble si heureuse de retrouver ses amies d'enfance, Mika et Moeko. Pourtant, elle porte en elle un indicible secret… Elle craint que la fille sans nom qui apparaît dans son cauchemar soit en fait Anna Yamazaki, mystérieusement disparue il y a tout juste une décennie. Faisant fi des mises en garde de ses amies, elle se jure de faire jaillir seule la vérité.
Mais alors même que la police semble impuissante, Tsubaki est enlevée par des inconnus.

SOMMAIRE

STRANGE FRUIT

Scénario : Atsushi Asada
Dessins : Tatsuru Ishikawa
Production : Kadokawa
Responsable éditorial : Kadokawa
Édition cartonnée : Naoki Shimizu
(Imajika Kadokawa Editorial)

Illustration : Tsuyoshi Kusano

FFFF
FFFF
FFFF
9 avril 2015, minuit.

5 VICTIME SACRIFICIELLE

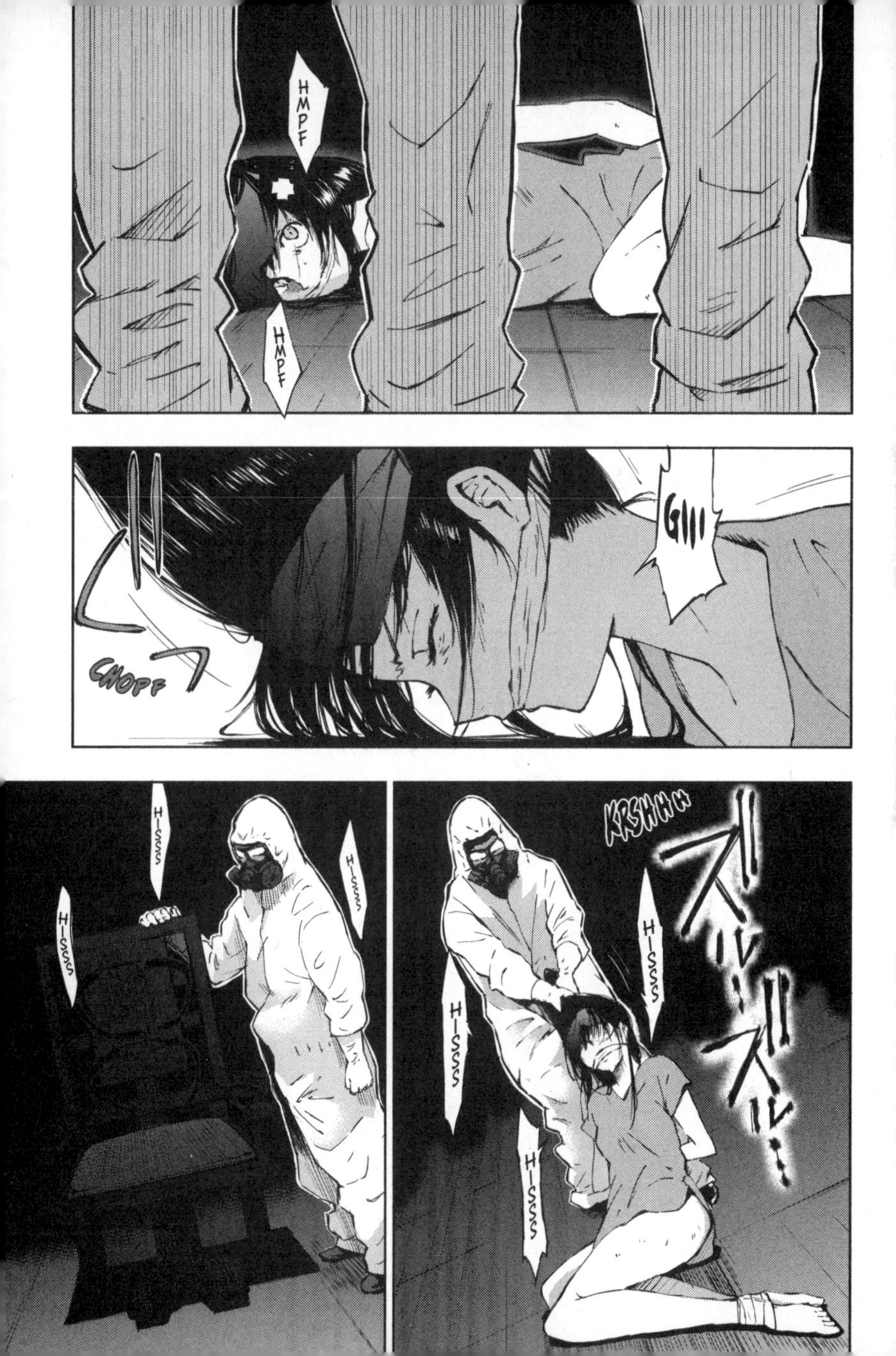
HMPF
HMPF
GIII
CHOPF
KRSHHH
HISSS
HISSS
HISSS
HISSS
HISSS
HISSS

ガチャ
ガチャ
KLANK
KLANK
HMPF
HMPF
HMPF
KLANK

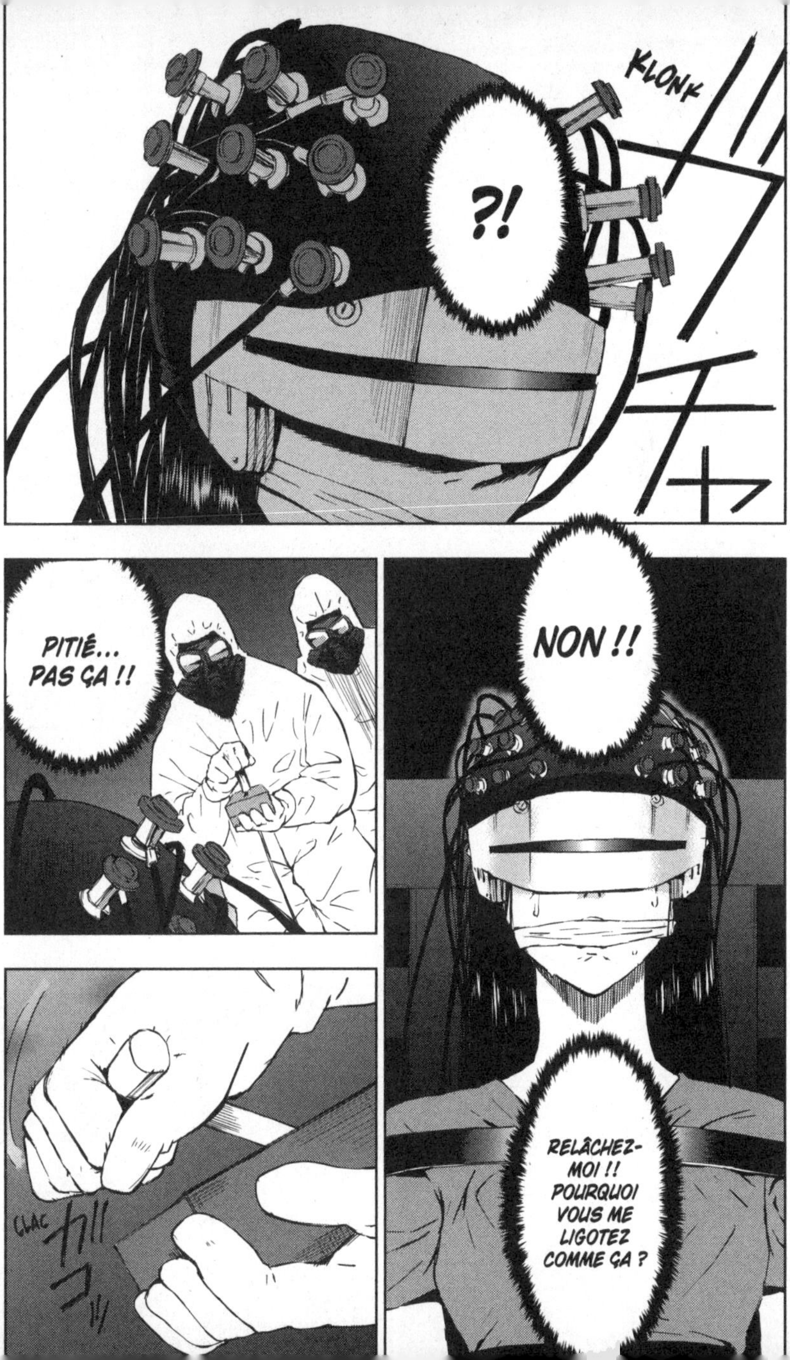
KLONK
?!
NON !!
RELÂCHEZ-MOI !! POURQUOI VOUS ME LIGOTEZ COMME ÇA ?
PITIÉ... PAS ÇA !!
CLAC

UN ÉLECTRO-CHOC SANS ANESTHÉSIE ?
ELLES VEULENT VRAIMENT LA TUER, OU QUOI ?!

HH...
HH...
HH...
HH...
HH...
HH...
HH...
HH...
♪
♫
♪
C'EST ICI QUE TSUBAKI AVAIT RENDEZ-VOUS ?

APPEL MASQUÉ.
INCONNU
Appel entrant
Rejeter
Décrocher
QUI ÇA PEUT BIEN ÊTRE ?
...
ALLÔ ?
JE VAIS T'INDIQUER OÙ SE TROUVE TSUBAKI.
FAIS VITE, OU IL SERA TROP TARD.
... ?!

J'AIMERAIS BIEN SAVOIR QUI ÉTAIT À L'AUTRE BOUT DE LA LIGNE.
ET QU'EST-CE QU'IL ENTENDAIT PAR "TROP TARD" ?
JE NE COMPRENDS PAS CE QUE RECHERCHENT CES FILLES.
EN TOUT CAS, LE TEMPS JOUE CONTRE MOI.
GRANK

FRA LAC FRA LAC
BADA
BADA

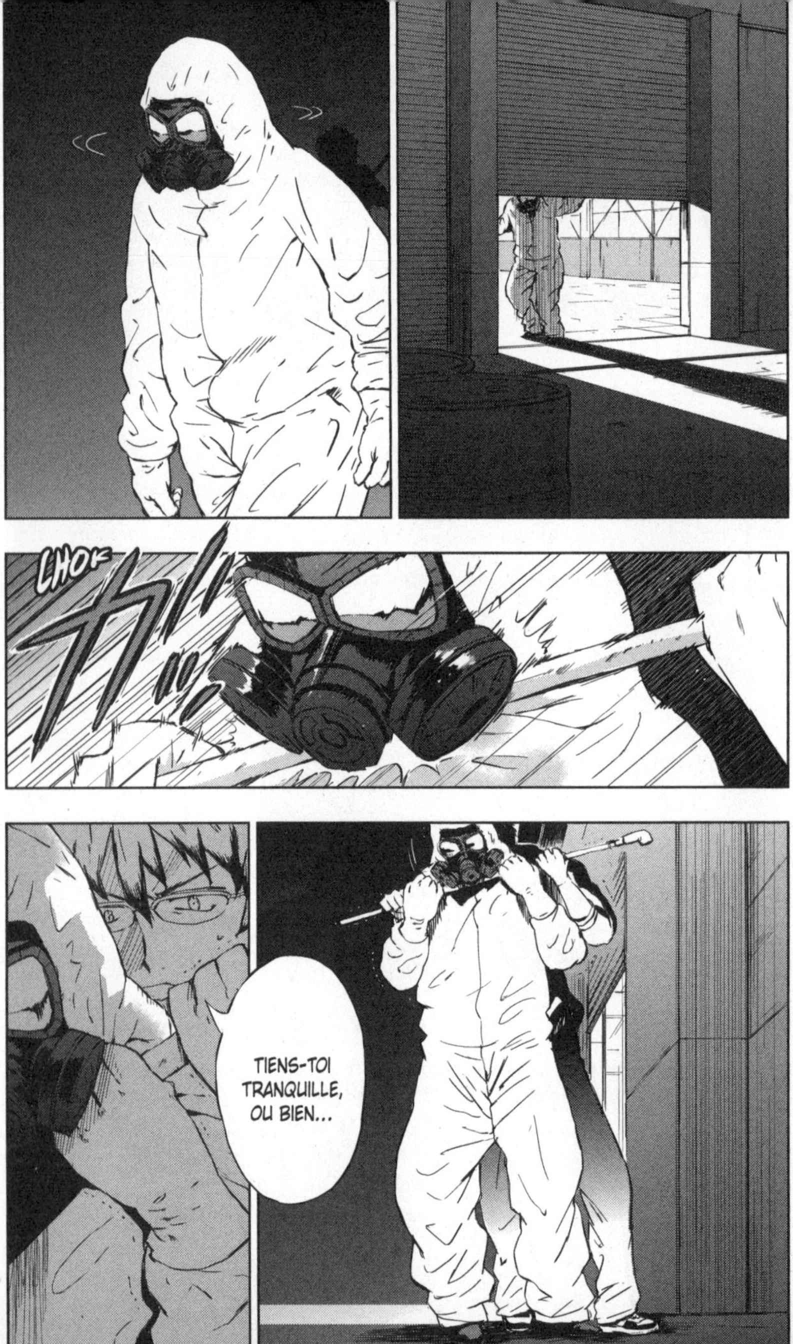
CHOK
TIENS-TOI TRANQUILLE, OU BIEN...

FRAZZZ
ズル!!
SHRUF
チチチ…
KRZZZ
KRSHHH
ズル
ズル…

LONELY SNIPER BAR
CE SOIR, C'EST UNE VRAIE PURÉE DE POIS DEHORS. PAS VRAI, KAZUMI ?
AH ÇA, TU L'AS DIT.
DONC, RESTEZ ICI TRANQUILLEMENT. BIEN AU CHAUD.
AU FAIT, OÙ EST TA PETITE ?
HEIN, MIKA ?

ELLE DORT DANS SON LIT, À POINGS FERMÉS, JE SUPPOSE. POURQUOI ?
JE DIS ÇA, PARCE QU'EN CHEMIN JE L'AI APERÇUE EN COMPAGNIE DE MOEKO SUR LE COUP DES 22 H, OU UN PEU AVANT.
...
J'OUBLIAIS. JE CROIS BIEN QU'ELLE M'A DIT QU'ELLES AVAIENT DES DEVOIRS À FAIRE ENSEMBLE.
MIKA... DES DEVOIRS ?
ÇA M'A TOUT L'AIR D'ÊTRE UN BOBARD.
...
PASSONS. QU'EST-CE QUE VOUS PRENEZ POUR LA SUITE ?
ALLEZ, ON EST PARTIS POUR BOIRE JUSQU'AU PETIT MATIN !
ET TOI AUSSI, KAZUMI. ACCOMPAGNE-NOUS !

HUNG…
HÉ, TSUBAKI. TU TIENS LE COUP ?
REPRENDS-TOI, TSUBAKI !

ARRÊTEZ !!
COMMENT VOUS POUVEZ LUI FAIRE UNE CHOSE PAREILLE ?!
ZUU...
J'VOUS CROYAIS AMIES D'ENFANCE !
ZUUUP

BAMK
SWUL
SDOBAM

BOMK
ROLLL
!!
COMMENT ?!
MAIS... VOUS N'ÉTIEZ PAS...

DIS, MIKA. C'EST BIEN UN STRIKE QUE T'AS FAIT ?

NON...
IL RESTE ENCORE UNE QUILLE DEBOUT.
FWUSH
ヒリュッ
CRIIC
ジリ...
RIEN DE CASSÉ, TSUBAKI ?!

QU'EST-CE QUE VOUS FAITES ICI ?
KLANK KLANK
JE TE RETOURNE LA QUESTION.
TSUBAKI !!
RÉVEILLE-TOI !
IL FAUDRA QU'ON AIT UNE PETITE DISCUSSION APRÈS TOUT ÇA.
TU M'ENTENDS, TSUBAKI ?
JE T'EN PRIE, RÉPONDS-MOI !!
QU'EST-CE QU'ON FAIT ? TSUBAKI N'A PAS L'AIR BIEN DU TOUT !!

WAM
BANDE DE FUMIERS…
QU'EST-CE QUE VOUS LUI AVEZ FAIT ?!
SHLING
TU VAS PARLER, OUI OU NON ?!
BADA
BADA
RAAAAAAAAAAAAAAAH!!!

KLONG
FWAP
CLING
YAAAH!
RAH!
KLANG

JE NE M'ENFUIRAI PAS.
PAS COMME L'ANNÉE DERNIÈRE !
MES AMIES LES PLUS CHÈRES...
JE LES DÉFENDRAI MOI-MÊME !

KLONG
BRALAC
J'AI DES TAS DE QUESTIONS À TE POSER.
PRÉPARE-TOI À VIDER TON SAC !

ガシャーン
BLAMK
!!
ブワァ
BROOOF
ダッ
DASH
ハァ…
ハァ…
ハァ

HH...
ハア...
HH...
ハア...
TSU-
BA-
KI !!
TSU-
BA-
KI !!

C'EST MOI...
MIKA !!!
EST-CE QUE TU M'ENTENDS ?

TSUBAKI !
TSUBAKI !
NE T'INQUIÈTE PAS. C'EST FINI.
SALETÉ DE GARÇON MANQUÉ !
TU NOUS LE PAIERAS, MOCHE-ITA !
SI VOUS LA TRAITEZ ENCORE DE VERMINE, JE NE FERAI PAS DE QUARTIER.

ALLEZ, TSUBAKI. ON RENTRE.
HM !
JE CROYAIS EN TOI...
MIKA.

JE SAVAIS QUE TU VIENDRAIS ME SAUVER.
JE SUIS VRAIMENT DÉSOLÉE.
IL FAUT TOUJOURS QUE JE ME METTE DANS CE GENRE DE SITUATIONS.

RRRAC...
TU VAS LE PAYER !
TAMK

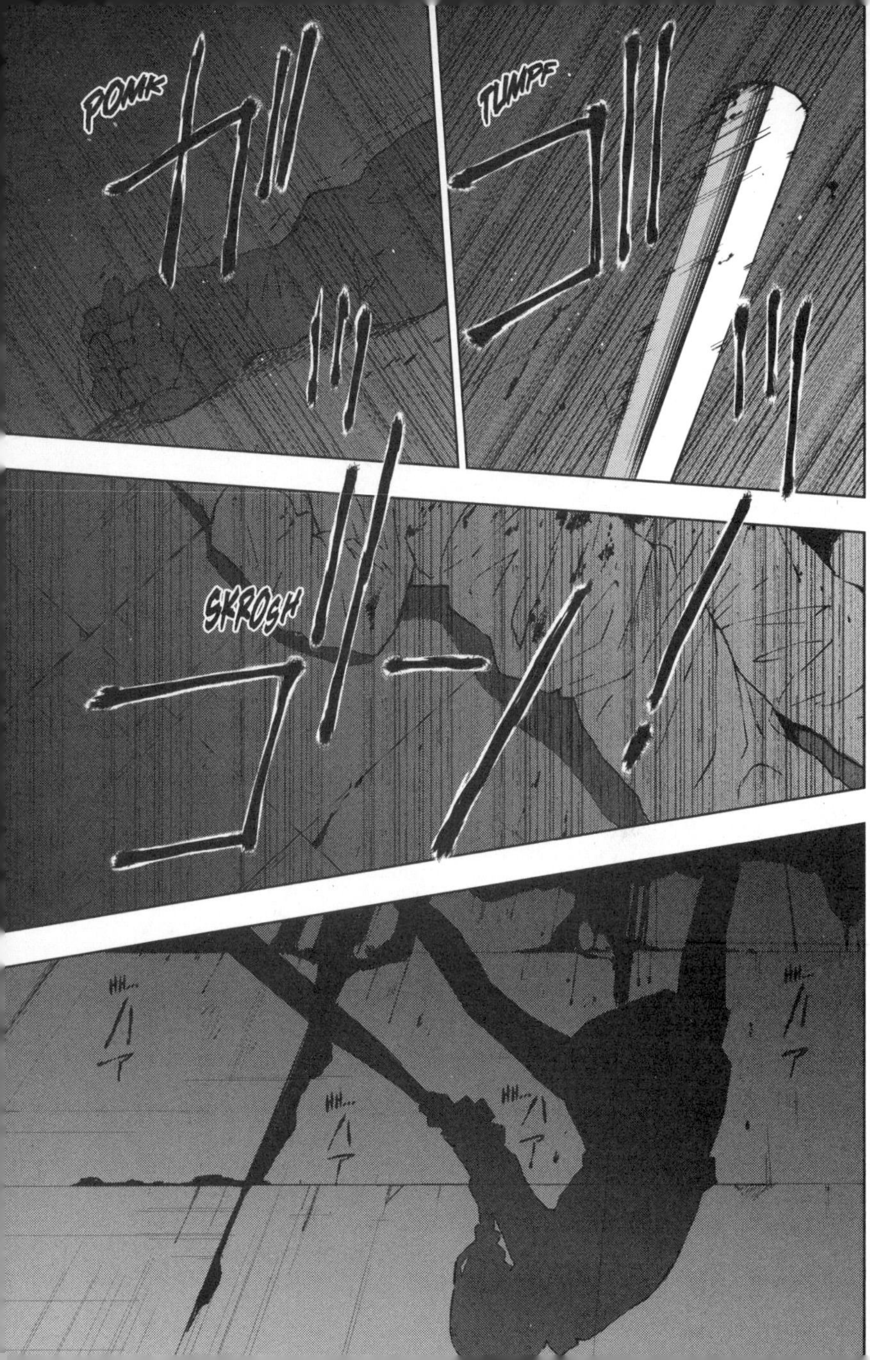
TUMPF
POMK
SKROSH
HH...
ハァ
HH...
ハァ
HH...
ハァ
HH...
ハァ

MO...
MOEKO ?

#6
SERMENT

Vendredi 10 avril,
5 heures du matin

...
CLONK
TAMK
TAMK
MOEKO !!

MOEKO...
QU'EST-CE... QUE TU AS FAIT ?
CLANG
SDOBAM
MOEKO ?

MOEKO !
QU'EST-CE QUI T'ARRIVE ? REPRENDS-TOI !
...
UN CONSEIL, LES FILLES...
IL FAUT SE TAILLER D'ICI EN VITESSE.
NE PERDEZ PLUS UNE SECONDE.
LE FEU S'ÉTEND PAR ICI.

TSUBA-KI ?
C'EST TOI ?
PSHHHN
ザァァァ
TU ES DRÔLEMENT MATINALE.
PSHHH
ザァァ…
JE DOIS FILER AU BOULOT.
AUJOURD'HUI, L'ÉQUIPE TRAVAILLE SUR UN AUTRE SITE. DU COUP, JE DOIS Y ALLER PLUS TÔT.
JE T'AI PARLÉ DU CENTRE DE STOCKAGE GONDÔ, L'AUTRE FOIS, NON ?
DIS TSUBAKI, TU M'ÉCOUTES ?
HM ? OUI.
QU'EST-CE QUI NE VA PAS ? TU ES MALADE ?
UN PEU, OUI. JE NE VAIS PAS ALLER À L'ÉCOLE AUJOURD'HUI.
AH… D'ACCORD. MAIS PROMETS-MOI DE RESTER BIEN AU CHAUD.

ピンポーン
DING DONG
505
KAZUMI MORITA
MIKA MORITA

YO !
TU AS RÉUSSI À DORMIR UN PEU, TSUBAKI ?
DES NOUVELLES DE MOEKO ?
PAS ENCORE.
MAIS ELLE DOIT VENIR DANS UNE HEURE.
ENTRE.
IL FAUT QUE JE TE PARLE UN PEU D'ELLE AVANT QU'ELLE N'ARRIVE.

ET MAINTENANT.
VOYONS VOIR CE QUE TU AS DÉCOUVERT…
SUR LA DISPARITION D'ANNA YAMAZAKI.
!!
HÉ !
VROOOM
SI TU FUMES CETTE SALETÉ DE TABAC DANS MA VOITURE, JE TE TRUCIDE.

OK, DU CALME.
MAIS DIS-MOI PLUTÔT, YUKKA. TU AS APPRIS QUELQUE CHOSE DE NOUVEAU ?
CET HOMME, QU'ON A RETROUVÉ CARBONISÉ PRÈS DES AFFAIRES DE LA PETITE...
ET QUE LES ENQUÊTEURS CONSIDÈRENT COMME L'AUTEUR DES FAITS...
MAIS DONT ILS N'ONT PAS PU PERCER L'IDENTITÉ...
EH BIEN J'AI COMPRIS JUSTEMENT POURQUOI ILS N'ONT PAS PU METTRE UN NOM SUR LUI.
IL SE TROUVE QUE JE CONNAIS LE MÉDECIN LÉGISTE QUI A EFFECTUÉ L'AUTOPSIE.
ALORS JE LUI AI DEMANDÉ DE BUT EN BLANC.
VOILÀ CE QU'IL M'A DIT...

ON AVAIT ARRACHÉ TOUTES LES DENTS À NOTRE HOMME.
ALORS QU'IL ÉTAIT AGONISANT.
AVEC UNE PINCE OU UN AUTRE USTENSILE. UNE PAR UNE...
FATALEMENT, AUCUNE IDENTIFICATION DENTAIRE N'EST POSSIBLE.
UN DÉTAIL SURPRENANT, PAS VRAI ?
UNE SECONDE !
C'EST MENTIONNÉ NULLE PART DANS LE DOSSIER !!
FORCÉMENT. PUISQUE LE RAPPORT D'AUTOPSIE EST ENTIÈREMENT PASSÉ À LA TRAPPE.
EN SOMME...
LA THÉORIE QUI VEUT QUE LE RAVISSEUR D'ANNA SE SOIT SUICIDÉ PAR REMORDS NE TIENT PLUS DU TOUT LA ROUTE.

IL A ÉTÉ TOUT SIMPLEMENT ÉLIMINÉ.
RIEN NE PROUVE MÊME QU'IL AIT ENLEVÉ LA PETITE.
...
JE VOIS.
TOI NON PLUS...
TU NE CROIS PAS QU'IL S'AGISSE D'UNE CLASSIQUE AFFAIRE D'ENLÈVEMENT PAR UN MANIAQUE.

C'EST ÇA.
JE SUIS CURIEUSE, MIKA.
EN CREUSANT UN PEU, JE SUIS PARVENUE À LA MÊME CONCLUSION.
POURQUOI EST-CE QUE TU T'INTÉRESSES À L'AFFAIRE YAMAZAKI ?
À CAUSE DES RÊVES...
C'EST TOUJOURS LE MÊME CAUCHEMAR QUI SE RÉPÈTE.
ANNA VIENT HANTER TOUTES MES NUITS.
!!

C'EST… C'EST PAREIL POUR MOI !!
JE RÊVE D'ELLE TOUT LE TEMPS !
JE M'EN DOUTAIS.
HEIN ?
MAIS ALORS…
TOUTES LES TROIS, ON…
PARCE QU'APPAREM-MENT, C'EST AUSSI LE CAS DE MOEKO, FIGURE-TOI.
SAUF QUE LES CAUCHEMARS SONT UN PEU DIFFÉRENTS EN CE QUI LA CONCERNE.
ENFIN BON, IL FAUT ARRÊTER DE SE TORTURER AVEC ÇA, OU ON N'APPROCHERA JAMAIS DE LA VÉRITÉ.

J'AIMERAIS TE DEMANDER QUELQUE CHOSE.
PEUX-TU ME DÉCRIRE TON CAUCHEMAR PRÉCISÉMENT ?
ANNA SE TIENT DEBOUT DEVANT MOI, DANS MA CHAMBRE.
SANS BOU-GER.
TOUT EN SERRANT UN ÉNORME COUTEAU DANS LA MAIN...
ELLE ME REGARDE FIXEMENT, SANS RIEN DIRE.
COMME SUR TES CROQUIS ?
JE ME DOUTAIS QUE TU LES AVAIS REGARDÉS.
EUH. DÉSOLÉE...
C'EST PAS GRAVE. ET PUIS, JE NE SAIS PLUS TROP QUAND, J'AI COMMENCÉ À PENSER...
QUE LE SEUL MOYEN DE FAIRE CESSER CES CAUCHEMARS... CE SERAIT PEUT-ÊTRE DE RÉSOUDRE LE MYSTÈRE DE LA DISPARITION D'ANNA, QUI SAIT ?
C'EST EXACTEMENT CE QUE JE ME SUIS DIT !!

ET DEPUIS TOUT JUSTE UN AN...
JE SUIS PASSÉE À L'ACTION.
CE JOUR-LÀ, J'AI PRIS MOEKO AVEC MOI...
ET JE ME SUIS RENDUE DANS LE PARC NATUREL DE JÛMONJI, LÀ OÙ LA RUMEUR DIT QU'ANNA A DISPARU.
JE T'EN PRIE, MIKA.
ON FERAIT MIEUX DE REBROUSSER CHEMIN.
LA NUIT NE VA PAS TARDER À TOMBER.

TU M'ÉCOUTES, MIKA ?
...
QU'EST-CE QUI NE VA PAS ?
ENCORE UN PEU DE PATIENCE. ÇA NE SERA PLUS TRÈS LONG.
PARLE, MOEKO !
FRUSH
C'EST ALORS QU'ON EST TOMBÉES SUR CES TYPES POUR LA PREMIÈRE FOIS.

JE N'AVAIS JAMAIS RESSENTI UNE PEUR PAREILLE DE TOUTE MA VIE.
FFF...
FFF...
HH...
HH...
HH...
ON S'EST ENFUIES. ON COURAIT DROIT DEVANT NOUS SANS MÊME SAVOIR OÙ ON ALLAIT.
HH...
HH...
HH...
HH...
ET AU FINAL, JE ME SUIS RETROUVÉE DEVANT L'ENTRÉE DU PARC.
HH...
HH...
HH...
PARC NATUREL DE JŪMONJI

!
MOEKO ?!
MOEKO !
CE SOIR-LÀ, MOEKO N'EST PAS RENTRÉE.
JE SUIS ALLÉE VOIR LA POLICE, BIEN SÛR.
MAIS ILS N'ONT PAS PRIS AU SÉRIEUX MON HISTOIRE D'HOMMES ET DE MASQUES À GAZ...
J'AVAIS PEUR QUE MOEKO CONNAISSE LE MÊME SORT QU'ANNA.
JE N'EN AI PAS FERMÉ L'ŒIL DE LA NUIT.

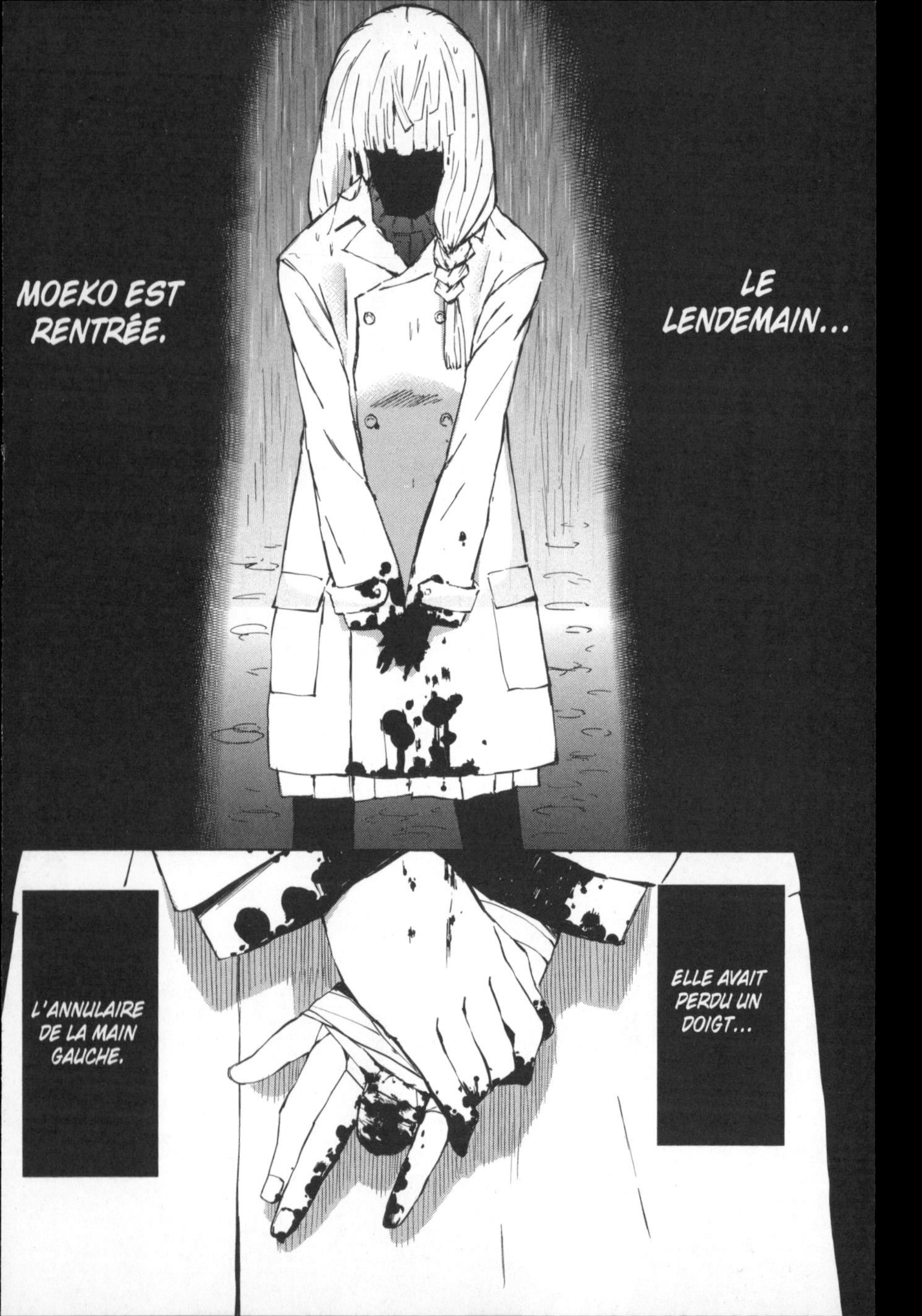
LE LENDEMAIN...
MOEKO EST RENTRÉE.
ELLE AVAIT PERDU UN DOIGT...
L'ANNULAIRE DE LA MAIN GAUCHE.

ELLE DIT NE PAS SE SOUVENIR DE CE QUI LUI EST ARRIVÉ À LA MAIN.
PEUT-ÊTRE QU'ELLE A ÉTÉ MORDUE PAR LES CHIENS DES HOMMES DE LA FORÊT ?
POUR-TANT HIER SOIR...
MOEKO...
PEUT-ÊTRE QU'ELLE A CHERCHÉ...
À SE VENGER POUR SON DOIGT ARRACHÉ.
C'EST CE QUE JE ME DIS.

KRISS'S
ON EST ARRIVÉS.
CLAC
ENCORE MERCI, YUKKA.
ON PEUT SAVOIR CE QUE TU VAS FAIRE DANS UN STUDIO DE TÉLÉ ?
VOIR QUELQU'UN...
QUI SAIT PROBABLE-MENT...
CLAC
LE FIN MOT DE CETTE AFFAIRE.

TU VEUX PARLER DU CAS YAMAZAKI ?
EH BIEN, JE VOIS QUE CETTE HISTOIRE TE TRAVAILLE, TOI AUSSI !
ACCOMPAGNE-MOI, SI TU VEUX !
ARRÊTE TES CONNERIES.
JE ME FICHE DE CE QUI PEUT T'ARRIVER, KUSANO.
MAIS TÂCHE DE NE PAS MOURIR.
VROOOM
J'AI PAS LES THUNES POUR ME PAYER UNE TENUE DE FUNÉRAILLES.
OISEAU DE MALHEUR !

DIS, TSUBAKI.
QU'EST-CE QU'ON VA FAIRE… POUR CE QUI S'EST PASSÉ HIER SOIR ?
À TOUS LES COUPS…
SI ON VA À LA POLICE, ILS NE NOUS CROIRONT PAS.
SI TU VEUX MON AVIS, MIKA…
LE MIEUX, C'EST ENCORE DE RÉGLER CETTE AFFAIRE TOUTES LES TROIS.
SI T'ES D'ACCORD, BIEN SÛR.
ÉVIDEMMENT, JE SUIS SUR LA MÊME LONGUEUR D'ONDE, TSUBAKI !
SIMPLEMENT…

DEPUIS CE QUI EST ARRIVÉ À MOEKO, J'AVAIS FAIT UNE CROIX SUR L'AFFAIRE ANNA.
ET PUIS, TU ES REVENUE. ET NI UNE NI DEUX, TU PARLES D'ALLER DANS LA FORÊT EXACTEMENT COMME MOI AUPARAVANT. IL FALLAIT QUE JE T'EN EMPÊCHE À TOUT PRIX...
MAIS HIER SOIR, QUAND J'AI COMPRIS QUE TU ÉTAIS EN DANGER, J'AI PRIS UNE RÉSOLUTION.
CELLE DE NE PLUS JAMAIS FUIR.
ON VA ALLER AU BOUT DE CETTE AFFAIRE !
HI HI !
WHA HA HA HA !
QU'EST-CE QUI TE FAIT RIRE ?
J'AI DIT UNE BÊTISE ?

NON, AU CONTRAIRE.
SMILE
TU M'AS ENLEVÉ LES MOTS DE LA BOUCHE !
ALORS C'EST DÉCIDÉ !
OUI.
MAIS QU'EN PENSE MOEKO ?
DING DONG
OUI, NOTRE PETITE TROUIL-LARDE.

MOEKO.
AH !
JE NE VOUS AI PAS FAIT TROP ATTENDRE, LES FILLES ?
JE SUIS SI CONTENTE DE TE SAVOIR EN UN SEUL MORCEAU !!
CHOPF
TU ME PARDONNES ?
JE SUIS TOMBÉE DANS LES POMMES EN PLEIN MILIEU DE L'ACTION, APPAREMMENT.
!!

MAIS ALORS, TU NE T'EN SOUVIENS VRAIMENT PAS ?
DE QUOI ?
!!
Moeko ! Dis-nous plutôt ce que tu nous as rapporté, là !
Des Chikuwa frits, pourquoi ?
Autant ?! T'as acheté carrément une palette !
BAH OUI. IL FAUT BIEN ÇA POUR LE RITUEL DU SERMENT ! ♪
LE SERMENT ?

TOUTES LES TROIS...
ON VA JURER DE RÉSOUDRE L'AFFAIRE ANNA !
DE MANIÈRE FORMELLE !
!!
QU'EST-CE QU'IL ME VEUT ENCORE ?
C'EST L'AUTRE TACHE...
QUITTE PAS, JE TE METS SUR HAUT-PARLEUR.

C'EST QUI, "L'AUTRE TACHE" ?
QUAND J'AI REPRIS CONNAISSANCE, J'ÉTAIS AU SOL, EFFONDRÉE.
C'EST L'AUTRE PERVERS !
COMME VOUS Y ALLEZ ! SYMPA...
AU MOMENT OÙ JE VOUS PARLE...
JE SUIS DEVANT L'ENTREPÔT D'HIER SOIR.
VOUS SERIEZ TRÈS SURPRISES DE VOIR ÇA.
ON NE PEUT ABSOLUMENT PAS DEVINER QUE CE BÂTIMENT ÉTAIT LA PROIE DES FLAMMES IL Y A QUELQUES HEURES À PEINE.
LE PERSONNEL FAIT SON TRAVAIL LE PLUS NORMALE-MENT DU MONDE.

RENSEIGNEMENT PRIS AUPRÈS DES OUVRIERS, L'ENTREPÔT N'EST JAMAIS VIDE.
C'EST À N'Y RIEN COMPRENDRE !
VOUS M'ÉCOUTEZ ?
OUAIP.
BON, APPELLE-NOUS QUAND T'EN SAURAS UN PEU PLUS.
BYE BYE
HÉ, PAS SI VITE !
QU'EST-CE QUI LEUR PREND ?
BIEN.
VOUS AVEZ ENTENDU, NON ?

ON IGNORE…
QUI EST IMPLIQUÉ DANS LA DISPARITION D'ANNA.
MAIS…
MES AMIES…
QUOI QU'IL ARRIVE…

ENSEMBLE...
ON VA FAIRE ÉCLATER LA VÉRITÉ !

BRZZ
MESSAGE URGENT DU QUARTIER GÉNÉRAL.
AUJOURD'HUI, À 15H32, UN DE NOS AGENTS, TATSUHIKO KUSANO, 42 ANS, MEMBRE DE LA POLICE DE JÛMONJI...
A ÉTÉ PERCUTÉ PAR UN VÉHICULE À LA HAUTEUR DU CARREFOUR SITUÉ DEVANT LES LOCAUX DE JAPAN TV CENTER.
L'AUTEUR DES FAITS EST EN FUITE.
LA VICTIME, INCONSCIENTE, EST EN CE MOMENT MÊME TRANSPORTÉE À L'HÔPITAL.

LE VÉHICULE DU SUSPECT EST PARTI EN DIRECTION DU NORD.
BRZZ
MODÈLE ET PLAQUE D'IMMATRICULATION NON IDENTIFIÉS.
BRZZ
BON TRAVAIL ! MERCI.
BIP
CE N'EST PAS TOUJOURS FACILE DE MAINTENIR L'ORDRE DANS NOS RANGS...

PASSONS.
PROFESSEUR KAWANA, IL EST VITAL QUE VOUS SERRIEZ LA VIS À VOS ÉTUDIANTES AFIN QUE DES INCIDENTS COMME CELUI D'HIER…
NE SE RE-PRODUISENT PLUS…
J'EN AI BIEN CONSCIENCE, M. LE COMMISSAIRE DIVISIONNAIRE FUKUTOME.
N'EST-CE PAS, MONSIEUR GONDÔ ?

ALLONS, N'AYEZ CRAINTE.
IL FAUT DAVANTAGE SE PRÉOCCUPER DE LA CANICULE À VENIR.
L'HEURE DE LA RÉCOLTE APPROCHE...
NOS TROIS FRUITS SONT PARVENUS À PARFAITE MATURITÉ.

CE SOIR J'AI FAIT UN RÊVE...
DANS LEQUEL ANNA APPARAIS-SAIT...
MAIS TOUT ÉTAIT DIFFÉ-RENT.
ELLE SEMBLAIT SUR LE POINT...
DE ME RÉVÉLER QUELQUE CHOSE.

ANNA VOULAIT…
KA KLONK
ME GUIDER QUELQUE PART.

7
L' ARRIVÉE DE L'ÉTÉ

C'EST L'ÉTÉ.
2-B
J'AI RÉINTÉGRÉ MON ANCIENNE ÉCOLE EN AVRIL.
EN UNE SEMAINE À PEINE, MA VIE A ÉTÉ BOULE-VERSÉE…

RZZZ
J'AI D'ABORD ÉTÉ HANTÉE PAR LES RÊVES D'ANNA YAMAZAKI, PUIS FLANQUÉE BRUTALEMENT AU SOL PAR MON AMIE D'ENFANCE...
ET POUR FINIR, ENLEVÉE ET TORTURÉE...
PAR DE MYSTÉRIEUX HOMMES MASQUÉS...
TROIS MOIS ONT PASSÉ...
DEPUIS CES JOURS DE CAUCHE-MAR.
J'IGNORE POURQUOI, MAIS LES RÊVES OÙ ANNA FIGURAIT ONT CESSÉ TOUT À COUP.
POK

GWARGH !
Mlle SUZUKI. VOUS DORMEZ UN PEU TROP À MON GOÛT PENDANT MES COURS CES TEMPS-CI.
COMPRIS.
JE PIONÇAIS À POINGS FERMÉS !
PAS DE BOBO, TSUBAKI ?
SI, J'AI UNE BELLE BOSSE.
Tiens, t'as fait couper tes cheveux, Moeko ! T'es belle comme tout !
Toi, Mika... T'as trop bronzé en revanche.
BAH, C'EST L'ÉTÉ.

IL FAUT AUSSI QUE JE DISE QUELQUES MOTS SUR CE QUE J'AI APPRIS EN UN TRIMESTRE SUR MES AMIES.
MIKA MORITA, 1RE C.
C'EST LA PLUS SPORTIVE DE TOUS LES ÉLÈVES DU LYCÉE.
DAMK
MAIS CE N'EST PAS TOUT. ELLE REGORGE DE TALENTS DANS LES DOMAINES DES ARTS ÉGALEMENT : PEINTURE, MUSIQUE…
MÊME SI ON NE S'EST PAS VUES PENDANT 10 ANS, JE LES PRÉSENTE SOUVENT COMME MES AMIES D'ENFANCE.
IL Y A TANT DE FACETTES D'ELLE QUE J'IGNORAIS. C'EST SURPRENANT.
AU FAIT, QU'EST-CE QUE ÇA A DONNÉ, TES EXAMENS SEMESTRIELS ?
DES ZÉROS POINTÉS PARTOUT.
TADAM
POUR ÇA, PAS DE SURPRISE EN REVANCHE.
AH, MINCE.

ET POUR LA BRILLANTE MOEKO ?
MOI ?
MOEKO MIYAMOTO, 1RE C.
CE QUI M'A LE PLUS SURPRIS, C'EST SON CÔTÉ : "BÊTE À EXAMS".
1ER C ÉLÈVE 21
NOM :
Matières
Points
Moyenne de la Classe
Littérature moderne
Textes anciens
Économie
Sciences Physique Chimie
Anglais oral
Anglais écrit
100
99
97
95
96
100
57.0
58.6
61.9
64.2
1
1
COMME D'HABITUDE, JE CROIS.
CLASSEMENT SUR L'ANNÉE
1RE
HAL-LU-CI-NANT !
C'EST HAL-LU-CI-NANT !
OUAIP !
DU CALME. JE NE SAIS RIEN FAIRE D'AUTRE ! JE SUIS EN DESSOUS DE TOUT DANS LES AUTRES DOMAINES.
TOUT LE MONDE SAIT ÇA.
POURQUOI ?
POURQUOI ?
POURQUOI ?
POURQUOI ?

CRÉATURE D'UNE ENGEANCE SUPÉRIEURE
超合体！
SI MIKA ET MOI ON FUSIONNAIT...
ON SERAIT "L'ÊTRE PARFAIT" !
ET LE TRIO DES LYCÉENNES, IL DEVIENT QUOI, LÀ-DEDANS ?
SI JE SUIS DE TROP, DITES-LE TOUT DE SUITE !
JE... JE SUIS DÉSOLÉE.
BLUSH
PRENDS PAS ÇA AU SÉRIEUX, OU BIEN ELLE VA DÉPRIMER POUR DE BON !
HM...
JE VOIS CHAQUE JOUR COMBIEN CE SONT DES FILLES HORS DU COMMUN. TANDIS QUE MOI...
EN COMPARAISON, JE SUIS D'UNE BANALITÉ CONFONDANTE, IL FAUT L'AVOUER. ET ÇA FAIT MAL.
ET POURTANT, JE PARVIENS ÉTRANGEMENT À ATTIRER L'ATTENTION DE QUELQU'UN, MOI AUSSI.
OH ! BAKKI !
!

ET CE QUELQU'UN, C'EST RIEN DE MOINS QUE "LA REINE DU LYCÉE".
SON PRINCIPAL TALENT, C'EST D'ÊTRE EXTRÊME-MENT RICHE. UNE FILLE ÉGOCENTRIQUE AU POSSIBLE.
ALLEZ SAVOIR POURQUOI, MAYO GONDÔ S'EST ENTI-CHÉE DE MOI.
BLA BLA
ざわざわ…
LAISSONS LA PLÈBE ET ALLONS DÉJEUNER EN TÊTE-À-TÊTE, TU VEUX ?
LA RAISON DE CETTE FIXATION SUR MOI RESTE UN MYSTÈRE…
DÉSOLÉE, J'AI REN-DEZ-VOUS AVEC MES COPINES.
AH, TU ME JETTES ENCORE ?
COMME UNE VIEILLE SERPILLIÈRE.
JE NE CROIS PAS M'ÊTRE MAL COMPORTÉE AVEC TOI.
DISONS PLUTÔT QUE CETTE FILLE EST UN MYSTÈRE COMPLET EN SOI.

C'EST ÉPUISANT, RIEN QUE DE LUI PARLER.
HONNÊTEMENT, TU DEVRAIS ÉVITER TOUT CONTACT AVEC ELLE. C'EST PLUS PRUDENT.
ガラ
VRAC
PASSONS, ON A PLUS URGENT À FAIRE : NOS RÉPÉTITIONS !
C'EST VRAI !
CET ÉTÉ, NOUS AVONS DÉCIDÉ DE REPASSER À L'ACTION.
EN APPARENCE, ON ÉTAIT DES ADOLESCENTES QUI S'ADONNENT À LA MUSIQUE.

TA DAM
MAIS EN RÉALITÉ…
NOTRE VÉRITABLE OBJECTIF…
JUILLET 2015
日 月 火 水 木 金 土

UN MOIS PLUS TÔT
C'EST CLAIREMENT UN PIÈGE.
PERSONNELLE-MENT, JE SUIS CONTRE.
TU CROIS ? POUR MOI, C'EST AUTHENTIQUE.
COMMENT TU PEUX L'AFFIRMER ?
ET MÊME. POURQUOI ON DEVRAIT SE FIER À L'EXPÉDITEUR, CE "Y", D'ABORD ?
C'EST "Y" QUI M'A GUIDÉ À L'ENTREPÔT OÙ TSUBAKI ÉTAIT RETENUE PRISONNIÈRE, APRÈS QU'ELLE A ÉTÉ ENLEVÉE.
MAIS TU NE CONNAIS NI SON NOM NI SON VISAGE. PAS VRAI, KEI ?
PEUT-ÊTRE, MAIS ON EST AU POINT MORT DEPUIS.
JE DIS QU'IL FAUT TOUT MISER SUR CET INDICE QU'IL NOUS OFFRE.

MISER ? MAIS ON NE JOUE PAS AUX COURSES, LÀ !
D'ACCORD, TSUBAKI ?
HÉ, TU M'ÉCOUTES ?
QU'EST-CE QUE TU REGARDES DEPUIS TOUT À L'HEURE ?
ÉCOUTEZ.
LE POSTER DU FESTIVAL ?
JUÛMONJI SUMMER FESTIVAL
2015
20 JUILLET
J'AI PEUT-ÊTRE UNE IDÉE.

TSIII
TSIII
TSIII
ZOING...
ZOING...
TSIM
TSIM

I WANNA BE WITH
DROING
STOOOP !!!
ON PEUT SAVOIR POURQUOI TU M'INTERROMPS, MIKA ?
C'EST ÉVIDENT !
MOEKO ! ÇA NE SUFFIT PAS DE SUIVRE BÊTEMENT LA PARTITION COMME AU SOLFÈGE.
ON FAIT DU ROCK !
ET LE PROBLÈME, C'EST SURTOUT TSUBAKI....
TU RÉALISES QU'IL NE NOUS RESTE PLUS QU'UNE SEMAINE ?
JE VAIS ÊTRE SINCÈRE.
OUI, JE T'ÉCOUTE, LEADER !

RAAAH !
C'EST CATASTROPHIQUE !
TU FAIS FAUSSE NOTE SUR FAUSSE NOTE !
QUEL MONSTRE !!!
RAAAH !
J'Y SUIS ALLÉE FORT, DÉSOLÉE.
BLISH BLISH
MAIS CELLE QUI A CONÇU CETTE STRATÉGIE…
C'EST TOI ET NULLE AUTRE !
PEUT-ÊTRE, MAIS C'ÉTAIT PAS NÉCESSAIRE DE ME METTRE AU CHANT !
TU POUVAIS PAS LE DIRE PLUS TÔT ?!
DU CALME.
VRAC
JE NE PENSE PAS QU'ON AIT BESOIN DE RÉPÉTER À CE POINT.
MOEKO… CHUT !

AH, C'EST VOUS, MONSIEUR KAWANA !
FRUSH
TENEZ, UN PETIT ENCAS.
MERCI !
QUEL BON VENT VOUS AMÈNE, M. LE TUTEUR FANTÔME ?
COMMENT ÇA ? C'EST VOUS QUI M'AVEZ DEMANDÉ D'ÊTRE UN SIMPLE PRÊTE-NOM.
C'est des glaces !
Coool !
AU FAIT, J'AI ENTENDU DIRE QUE VOUS ALLIEZ VOUS PRODUIRE SUR SCÈNE...
AU FESTIVAL QUI AURA LIEU DANS UNE SEMAINE ?
TOUT À FAIT ! ET SUR L'ESTRADE PRINCIPALE !
LE FESTIVAL DE JÛMONJI EST SI IMPORTANT QUE ÇA ?
EFFECTIVE-MENT, TU N'Y AS ENCORE JAMAIS ASSISTÉ.

C'EST LE GROUPE GONDÔ QUI LE SPONSORISE.
JE SUPPOSE QUE PRESQUE TOUS LES HABITANTS Y ASSISTERONT.
WOOOOOH !
ON VA AVOIR UN DE CES TRACS !
N'EN FAIS PAS TROP. JE VAIS DÉGOBILLER.
J'AI PEUR QU'ON FASSE UN BIDE TOTAL.
BAH, L'ÉTÉ DE VOS 16 ANS, C'EST UNE SEULE FOIS DANS LA VIE.
ALORS, PROFITEZ-EN SANS VOUS POSER TROP DE QUESTIONS !

VRAAAC
EST-CE QU'ON AVAIT L'AIR SUFFISAMMENT ENTHOUSIASTES ?
ET CONVAINCANTES ?
IL M'INSPIRE CONFIANCE, CE KAWANA.
C'EST UN CHIC TYPE.
SÛREMENT. MAIS ON N'EST JAMAIS TROP PRUDENTES.
ET IL FAUT S'EN TENIR AU PLAN.
ALLEZ, ON REPREND !

HÔPITAL INTERCOMMUNAL MIYAMOTO
JE CROYAIS QUE TU MANGEAIS LES PISSENLITS PAR LA RACINE.
YUKKA ! C'EST PAS TROP TÔT.
HÉ ! ON M'A DEMANDÉ DE T'ASSISTER LE JOUR DE TA SORTIE. TU SERAIS SYMPA DE RANGER TES AFFAIRES FISSA !

ON RACONTE QUE TU AS DÛ PAYER TOI-MÊME LES FRAIS MÉDICAUX... C'EST DÉMENTIEL !
C'ÉTAIT PAS UNE ENQUÊTE PRÉVUE AU PLANNING OFFICIEL.
ET SI ÇA SE TROUVE...
IL SE PEUT QUE TON NOM SORTE DANS LE DOSSIER, PUISQUE TU M'AS ACCOMPAGNÉE.
TAC
QUOI ?
TU VAS PAS DIRE QUE C'EST MA FAUTE, QUAND MÊME ?
ET PUIS, TU VAS TE DÉCIDER À CRACHER LE MORCEAU ?
QU'EST-CE QUI S'EST PASSÉ CE JOUR-LÀ, DEVANT LES STUDIOS TÉLÉ, APRÈS QU'ON S'EST QUITTÉS ?
TU AS PU RENCONTRER CETTE FAMEUSE PERSONNE QUI DÉTIENT DES ÉLÉMENTS CLÉS DANS L'AFFAIRE YAMAZAKI ?

...
TU NE VEUX MÊME PAS ME DIRE ÇA ?
ÉCOUTE, YUKKA.
RESTE EN DEHORS DE CETTE AFFAIRE, ÇA VAUT MIEUX.
JE NE DEMANDE PAS MIEUX. ET DEPUIS LE DÉBUT !
AU FAIT, COMMENT VA TSUBAKI SUZUKI ?
LA LYCÉENNE QUI VOULAIT RELANCER L'AFFAIRE YAMAZAKI ? JE L'AI À L'ŒIL COMME TU M'AS DEMANDÉ.
EN CE MOMENT, ELLE EST PRISE PAR LES RÉPÉTITIONS DE SON GROUPE DE ROCK. NORMAL POUR UNE ADO, QUOI.
DES ADMISSIONS

JÛMONJI SUMMER FESTIVAL 2015
ELLE DONNE UN CONCERT LA SEMAINE PROCHAINE.
ELLE S'EST LASSÉE DE JOUER LES DÉTECTIVES, SI TU VEUX MON AVIS. SURTOUT POUR UNE VIEILLE AFFAIRE CLASSÉE.
VRAIMENT ? C'EST RASSURANT.
JE LES TUERAI TOUTES.
!!
CES MAUDITES GARCES !
ELLES VONT TOUTES Y PASSER.

UN SOUCI, YUKKA ?
AH, LUI... IL SORT AUSSI AUJOURD'HUI.
HEIN ? C'EST UNE DE TES CONNAIS-SANCES ?
IL EST ENTRÉ EN SOINS INTENSIFS EN MÊME TEMPS QUE MOI.
IL AVAIT LE CORPS COUVERT DE CONTUSIONS ET SOUFFRAIT DE MULTIPLES FRACTURES. IL ÉTAIT AUSSI MÉCHAMMENT BRÛLÉ.
UNE EXPÉRIENCE SCIENTIFIQUE RATÉE, APPAREMMENT... IL PARAÎT QU'IL EST ARRIVÉ AUX URGENCES, UN MASQUE À GAZ ENCORE VISSÉ SUR LA TÊTE.
TU PLAISANTES ?
EN TOUT CAS, CE TYPE...

20 juillet

* Boulette de poulpe cuite.

Tu m'en laisses, Mika !
Z'ÊTES IRRÉCUPÉRABLES.
TIENS !
MAIS C'EST L'OFFICIER DE POLICE !
OH.
M. KUSANO, C'EST ÇA ?
QU'EST-CE QUI VOUS EST ARRIVÉ ? VOUS ÊTES BIEN AMOCHÉ !
UN BÊTE ACCIDENT DE LA ROUTE.
AH... ET QU'EST-CE QUE VOUS FAITES ICI ?
HÉ, C'EST BON. J'AI TA BOISSON.
AH, VOUS ÊTES VENU AVEC VOTRE AMOUREUSE.
HEIN ?

NE RACONTE PAS DE CONNERIES, OU JE T'EN FILE UNE ! CRÉTINE !
DÉSOLÉE. DÉSOLÉE. DÉSOLÉE. DÉSOLÉE. DÉSOLÉE. DÉSOLÉE.
C'EST JUSTE UNE COLLÈGUE.
MA PETITE TSUBAKI !
SALUT !
Mme KAZUMI ! LES PÉPÉS !
ON EST VENUS VOUS ENCOURAGER !
TIENS. OÙ SONT PASSÉES MOEKO ET MIKA ?
ELLES FONT LE TOUR DES ÉTALS.
PETITE.
IL FAUT QU'ON PARLE SÉRIEUSEMENT, TOI ET MOI.

C'EST QUI, CE CANON ? PRÉSENTE-LA-MOI !
JE VOUS INTERDIS DE PARLER D'ELLE COMME ÇA ! C'EST LA MAMAN D'UNE DE MES MEILLEURES AMIES !
Yo, Mika.
T'es là, M'man ?
TU PLAISANTES ?!
WOUAAAAH !
BANANES AU CHOCOLAT
TAKOYAKI
POULPE
HM ? ÇA BOUGE SUR SCÈNE, ON DIRAIT !
SHÛTARÔ GONDÔ
JE TE METS MON BILLET QUE C'EST L'AUTRE EMPAFFÉ QUI VIENT MONTRER SA TROGNE.

IL A TOUJOURS AIMÉ SE METTRE EN SCÈNE.
EN MÊME TEMPS, C'EST LUI QUI PAIE POUR TOUT ICI. NORMAL QU'IL VEUILLE LE FAIRE SAVOIR.
GONDÔ!
GONDÔ!
GONDÔ!

ON JURERAIT VOIR UN DICTATEUR DU TIERS MONDE...
TSUBAKI...
DÉSOLÉES POUR L'ATTENTE. ON Y VA DOUCEMENT ?
BURP
FRULL
MIOM
ABRUTIES, VOUS VOUS ÊTES GOINFRÉES !
BON, ON VA PRENDRE NOTRE PLACE DANS LE PUBLIC...
POUR SOUTENIR NOTRE TRIO DU TONNERRE !
BIEN.
IL EST TEMPS, LES FILLES.

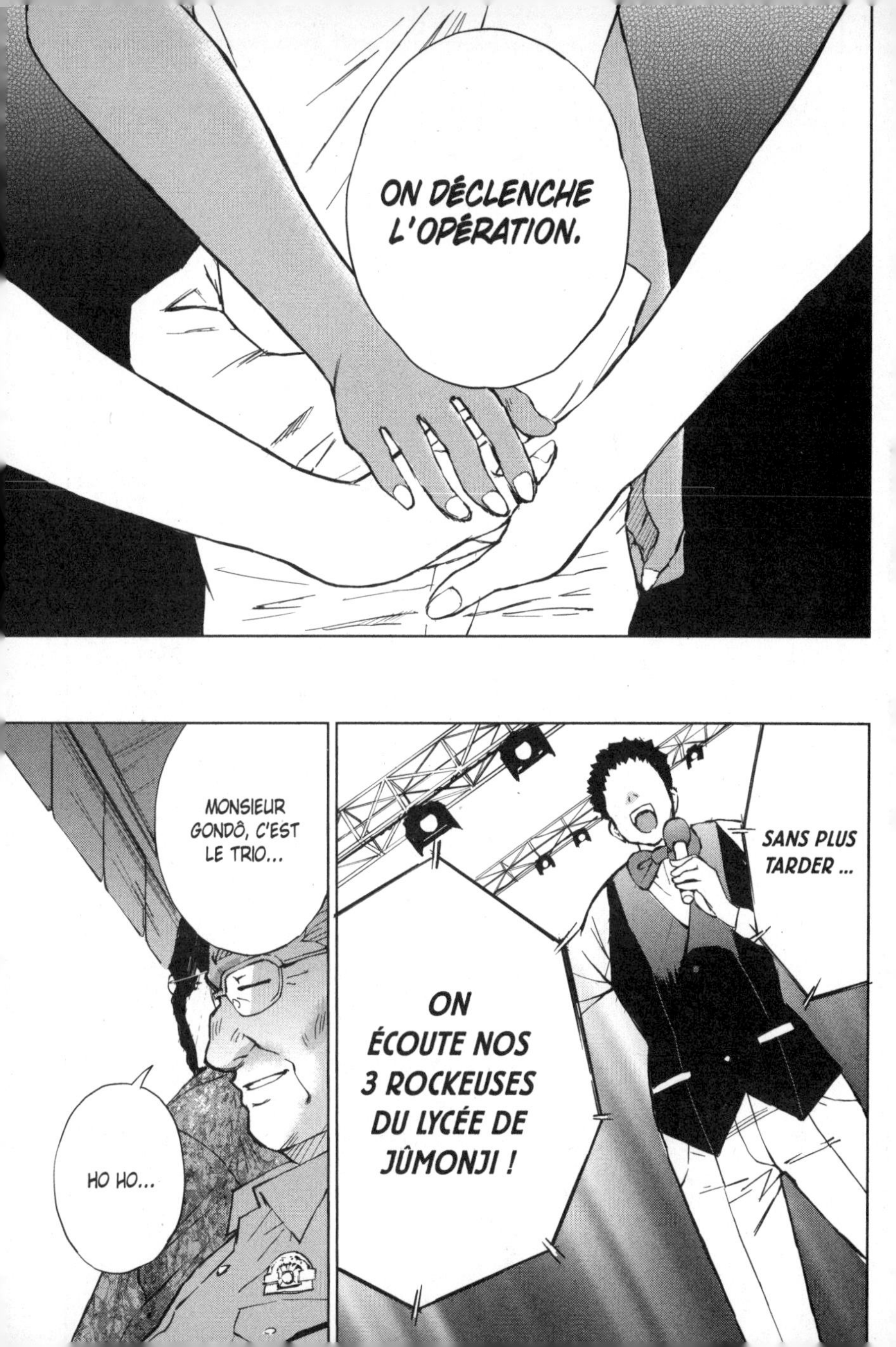
ON DÉCLENCHE L'OPÉRATION.
SANS PLUS TARDER ...
ON ÉCOUTE NOS 3 ROCKEUSES DU LYCÉE DE JÛMONJI !
MONSIEUR GONDÔ, C'EST LE TRIO...
HO HO...

SALUT TOUT LE MONDE !
VOUS ÊTES PRÊTS ?
OH ! LES VOILÀ !
DONNEZ-VOUS À FOND, LES FILLES !
ET SINON, ELLES SONT DOUÉES OU PAS ?
HM...
DISONS QU'AU NIVEAU CHANT, C'EST PAS ÇA.
ÇA FAIT PAS LONGTEMPS QU'ON A CONSTITUÉ CE GROUPE, MAIS ON PROMET DE TOUT DONNER.
...
LAISSEZ-MOI D'ABORD VOUS PRÉSENTER BRIÈVEMENT LES MEMBRES.
!

À LA GUITARE ET AU CHANT : C'EST MOI, TSUBAKI SUZUKI !
TSUBAKI... SUZUKI ?!
C'EST QUI, CE TYPE CHELOU ? AVEC SA DOUDOUNE EN ÉTÉ...
QUELLE ARMOIRE À GLACE !
À LA BASSE : MOEKO MIYAMOTO.
AUX PERCUSSIONS : MIKA MORITA !
TSU...
BA...
KI.

I HOPE YOU'LL ENJOY...
OUR PERFORMANCE !
FWASH
GNIP

DRRROM
POURQUOI LE RIDEAU EST DÉJÀ RETOMBÉ ?
ELLES NOUS PRÉPARENT UN GENRE DE TOUR DE MAGIE, PEUT-ÊTRE ?
THREE...
ONE...
TWO...

TZAM

ザワ
BLA
ザワ
BLA
ON SE DEMANDE CE QUE CES FILLES PEUVENT BIEN AVOIR DERRIÈRE LA TÊTE, M. GONDÔ...
BLA BLA
ザワ..
HUN HUN HUN...
VOILÀ QUI S'ANNONCE PASSIONNANT. JE NE VAIS PAS PERDRE UNE MIETTE DU SPECTACLE.
VOUS N'AVEZ PAS L'INTENTION D'INTERVENIR ?
VOUS N'Y ÊTES PAS DU TOUT. ELLES SONT DÉJÀ AU CREUX DE MA MAIN !
ビキキッ
CRIIIITCH

ONE...
TWO...
QU'EST-CE QU'ELLES MANIGANCENT ?
THREE...
C'EST UNE PROVOCATION ?
OU BIEN UNE DÉCLARATION DE GUERRE ?
FOR...
TAM TZU
TAM TZU
FFF

Love it!
I went after the White Rabbit!
In that Forest!!
I caught a Girl!!
C'EST QUOI, CE DÉLIRE ?
in that Forest!
C'EST ÉNORME !

I'm holding out the Nightmare
WOO
オ
I do not get the Girl Forgotten Ah
OOO
オ
Keeping having in Now!
OOH!
オオ

WOO OOH!
The mountain in the hometown is Dark
The river in the hometown is Blood!
WOO OH!
EH BAH, ELLES M'EN BOUCHENT UN COIN, CES PETITES !
J'HALLU-CINE.
GÊNIAL !
MA TSUBA-KI !!

OOH!
TSU-BAKI !
WOO
TOMP
TSU...
KI...
BA...
AÏE, POUSSE PAS COMME ÇA ! C'EST QUOI, TON PROBLÈME ?
BRAM BRAM
KYAH !
QU'EST-CE QUI SE PASSE ?
BLA
BLA
TSUBAKI !

TSUBAKI...
TSUBAKI...
KZOM
TSUBAKI !
TSUBAKI !!!

TAMK
SOBAM

CHOPF
HHH...
PERSONNE NE M'INTERROMPT QUAND JE CHANTE ! POINT BARRE.
WAA AAH !!

VRAC
TSU-BA-KI !
ENCO-RE !
TSU-BA-KI!
ENCO-RE !
KUMAGUSU ?
QUE PUIS-JE POUR VOUS, M. GONDÔ ?
COMMENT ?
TSU-BA-KI !
QU'EST CE QUE KUMAGUSU FICHE EN VILLE ?
ENCO-RE !

ET PUIS...
EST-CE QUE C'EST VRAIMENT TSUBAKI ?
APPAREMMENT, IL Y A EU DU GRABUGE SUR SCÈNE.
QUOI ? ET ?
UNE ESPÈCE DE MOLOSSE EST MONTÉ SUR L'ESTRADE POUR EN DÉCOUDRE.
NOTRE CHANTEUSE L'A ASSOMMÉ D'UN COUP DE GUITARE ET LE CONCERT A REPRIS NORMALEMENT.
ÇA NE M'ÉTONNE PAS D'ELLE.

AVEC MAYO GONDÔ COMME APPÂT, ON A PU S'INFILTRER DANS LEUR ANTRE.
PHASE 1 ACCOMPLIE.
APRÈS, IL FAUT ESPÉRER...
QUE CE PASS ÉLECTRONIQUE SOIT VRAI.

#8
KUMAGUSU

I HOPE YOU'LL ENJOY...
OUR PERFORMANCE !
SLAP
MAYO.
ON COMPTE SUR TOI...

JE SUIS CURIEUSE DE SAVOIR COMMENT TU AS CONVAINCU NOTRE PRINCESSE ?
HM ?
QUELLE RAISON TU AS DONNÉE POUR QU'ELLE VEUILLE BIEN SE SUBSTITUER À TOI SUR SCÈNE ?
J'AI SIMPLEMENT DIT QUE JE NE SAVAIS NI JOUER NI CHANTER.
MAIS QUE JE VOULAIS QUAND MÊME ÊTRE ADULÉE DU PUBLIC.
ET ELLE A DIT OUI ?
TOUT À FAIT.
ALLEZ SAVOIR POURQUOI, MAIS MAYO A UN FAIBLE POUR TSUBAKI.

MAIS RÉFLÉCHIS !
ON S'APPRÊTE À PÉNÉTRER ILLICITEMENT DANS UNE TOUR…
QUI APPARTIENT JUSTEMENT AU PÈRE DE NOTRE APPÂT. C'EST PAS TRÈS CORRECT.
P
B1
DING
PEUT-ÊTRE…
MAIS JE NE VOIS PAS MIEUX QUE MAYO POUR TENIR CE RÔLE.
VRAC

C'EST
PAS FAUX.
ROLLL
HÉ !
VENEZ VOIR.
LE SEUL BOUTON
QUI N'EXISTE PAS,
C'EST CELUI DE L'ÉTAGE
OÙ ON VEUT ALLER.
!
QUELLE
POISSE !
QU'EST-CE
QU'ON FAIT ?
ET SI ON
UTILISAIT
CE LECTEUR
DE PASS ?
IC

J'ESSAIE.
BIP
ZZZZ
FFFF
EFFECTIVEMENT, N'Y ACCÈDE PAS QUI VEUT.
ON DIRAIT BIEN, OUI.
JE PAIERAIS CHER POUR SAVOIR QUI EST CE "Y" QUI NOUS A ENVOYÉ ÇA.

DING
VRAC
ALORS ?
C'EST SAFE.
IL N'Y A PAS UN CHAT, APPAREMMENT.
JUSTEMENT, C'EST ENCORE PLUS INQUIÉTANT.
25
50
24
1

SELON "Y", C'EST AU BOUT DE CE COULOIR.
C'EST CETTE SALLE, NON ?
AUDIO ROOM
5
ENTRÉE INTERDITE
IC
OUI, IL A DIT VRAI.
BON, J'Y VAIS.
IC
BIP ピー
CLONK カチャン！

HOURRA !
SILENCE, MIKA.
OK.
GULP
GRIIII

QU'EST-CE QUE C'EST QUE CET ENDROIT ?
IL N'Y A QUE DES MONITEURS.
VOYONS UN PEU CE QU'ILS PROJETTENT COMME IMAGES.
!!
LES FILLES, JETEZ PLUTÔT UN ŒIL À ÇA.
TU AS TROUVÉ QUELQUE CHOSE ?
QU'EST-CE QUE ÇA FICHE DANS CETTE PIÈCE ?

UNE PHOTO DE NOUS...
PRISE IL Y A 10 ANS ?!
C'EST BIZARRE... ET QU'EST-CE QU'ON FAISAIT À CE MOMENT-LÀ ?
LES TYPES DERRIÈRE SONT TOUS EN BLOUSE BLANCHE. C'ÉTAIT PEUT-ÊTRE À L'HÔPITAL ?
J'EN AI AUCUN SOUVENIR.
JE CONNAIS CET HOMME...
KZIM

MA TÊTE… J'AI L'IMPRES-SION QU'ELLE VA ÉCLATER.
KZIM
ZWOOSH
KRSHHH
KRSHHH
EN VOILÀ UN DRÔLE D'INTRUS.

BIEN JOUÉ.
JE ME CHARGE DE LUI.
LE POLICIER !
UN POLICIER, CERTES. MAIS SUSPENDU.
TIENS, TIENS, TIENS.
ON DIRAIT QUE VOUS CONNAISSEZ L'IDENTITÉ DE CE MOLOSSE.
CET HOMME EST EN ÉTAT D'ARRESTATION. IL REPART AVEC NOUS.

TRÈS CHER INSPECTEUR NUNOMURA QUI SE DONNE LA PEINE D'ALLER SUR LE TERRAIN...
CESSEZ VOS SARCASMES.
JE NE FAIS QUE MON TRAVAIL.
DÉSOLÉ, MAIS C'EST MOI QUI VAIS PROCÉDER À SON INTERROGATOIRE. TOUTE CETTE HISTOIRE EST LOUCHE.
NE FAITES PAS L'IDIOT ET REMETTEZ-NOUS-LE.
GNUP

TOMP
FWAP
...
HÉ, PAS SI VITE !

IL EST BALÈZE, LE SALAUD.
Lamen-table.
IL S'EST ENFUI À CAUSE DE VOUS, KUSANO...
QUOI ?!
C'EST MA FAUTE EN PLUS ?!

QU'EST-CE QUI NE VA PAS ?
TU TE SENS BIEN, TSUBAKI ?
J'AI LA MIGRAINE, MAIS ÇA S'EST UN PEU CALMÉ.
!
CES IMAGES SUR LES ÉCRANS…
CE NE SONT QUE DES LIEUX QU'ON CONNAÎT.

C'EST VRAI ÇA, À BIEN Y REGARDER...
LÀ, C'EST LE BOWLING...
ET ICI, NOTRE BAHUT.
ATTENDEZ, IL Y A MÊME UNE VUE DE L'INTÉRIEUR DES CLASSES.
JE RÊVE...
C'EST MA CHAMBRE, ÇA.

ET LÀ, C'EST NOTRE LIVING.
IL Y A AUSSI LE BAR DE MA MÈRE.
ON VOIT LA MIENNE AUSSI.
BOM
BOM
BOM
BOM
NE ME DITES PAS…
QU'IL S'AGIT…

DE CAMÉRAS DE SURVEILLANCE POINTÉES SUR NOUS

C'EST...
C'EST N'IMPORTE QUOI.
ILS SE FOUTENT DE NOUS !
CALME-TOI, MIKA...
COMMENT JE PEUX RESTER CALME DANS UNE SITUATION PAREILLE ?
IL FAUT QU'ON RENTRE.
ET QU'ON DÉFONCE CES SALOPERIES DE CAMÉRAS !

SLAP
DU CALME,
J'AI DIT.

MOEKO...
NOTRE BUT, CE N'EST PAS DE DÉSACTIVER CES CAMÉRAS DE SURVEILLANCE.
AU CONTRAIRE, IL VAUT MIEUX NE PAS Y TOUCHER ET FAIRE CROIRE QU'ON N'A RIEN DÉCOUVERT.
ET CELA, TANT QU'ON N'AURA PAS DÉCOUVERT QUI NOUS ÉPIE ET POURQUOI.
C'EST ÉVIDENT, NON ?
LA MEILLEURE PREUVE, C'EST QUE CETTE SALLE DE CONTRÔLE SE TROUVE DANS CETTE TOUR.
C'EST CE TORDU DE GONDÔ QUI EST DERRIÈRE TOUT ÇA !
MIKA... JE T'AI DEMANDÉ DE NE PAS CRIER.

ON IGNORE QUI TREMPE DANS CETTE CONSPIRATION.
DES MEMBRES DE NOTRE FAMILLE SONT PEUT-ÊTRE IMPLIQUÉS, QUI SAIT ?
TU INSINUES QUE MA MÈRE MARCHE AVEC CES SALAUDS ?!
NE T'EXCITE PAS. J'ENVISAGE TOUTES LES HYPOTHÈSES, C'EST TOUT.
COMMENT TU PEUX RESTER AUSSI CALME, MOEKO ?!
ARRÊTE.
ÇA SUFFIT !
CE QUE JE VOUDRAIS SAVOIR, C'EST POURQUOI ILS NOUS CIBLENT ?

NOUS, DE SIMPLES ÉTUDIANTES…
C'EST ABSURDE.
ON A CEPENDANT UN POINT EN COMMUN : ON RÊVE TOUTES LES TROIS D'UNE FILLETTE DISPARUE IL Y A 10 ANS.
MAIS CE N'EST PAS LE CAS DE MIKA, PAS VRAI ?
!
TU AS PEUT-ÊTRE OUBLIÉ DEPUIS QUE TES CAUCHEMARS ONT CESSÉ, TSUBAKI ?
SANS LES SOMNIFÈRES QUE JE LUI PROCURE, ELLE NE PEUT PAS FERMER L'ŒIL DE LA NUIT.

ELLE RÊVE SANS ARRÊT...
D'ANNA YAMAZAKI

EN VÉRITÉ, ANNA N'ÉTAIT PAS UNE INCONNUE POUR NOUS.
MAIS ON N'ARRIVE PAS À SE SOUVENIR D'ELLE.
PROBABLEMENT PARCE QUE QUELQU'UN NOUS EN EMPÊCHE.
ET LA RAISON COULE DE SOURCE...
IL Y A 10 ANS, IL S'EST PASSÉ QUELQUE CHOSE ENTRE ANNA ET NOUS.

UNE CHOSE
SI GRAVE,
QU'ON EST
PLACÉES SOUS
SURVEILLANCE
CONSTANTE,
AUJOURD'HUI
ENCORE.

ALLÔ, TSUBAKI ? C'EST MIKA.
TU ES RENTRÉE CHEZ TOI ?
PAS ENCORE.
QUAND JE PENSE AUX CAMÉRAS... JE N'AI AUCUNE ENVIE D'Y ALLER.
AH... C'EST LA MÊME CHOSE POUR MOI.
MIKA... À PROPOS DE CE QU'A DIT MOEKO TOUT À L'HEURE.
C'EST QUOI, CES SOMNIFÈRES QU'ELLE TE DONNE ?

DES "RAVONA".
ELLE T'EN A FILÉ UNE TABLETTE, IL Y A QUELQUE TEMPS. TU SOUFFRAIS DU MÊME MAL QUE MOI.
TU TE SOUVIENS ?
AU PASSAGE, ELLE M'A UN PEU SURPRISE, MOEKO.
ELLE QUI EST SI MOLLE D'HABITUDE.
CLING
MAIS ELLE SAIT SE SECOUER QUAND IL LE FAUT. ELLE EN EST MÊME FLIPPANTE, NOTRE MOEKO !
ALLÔ, TSUBAKI ?

C'EST PAS VRAI !
LE TYPE...
DE LA PHOTO !!!
TU M'ÉCOUTES, TSUBAKI ?
JE TE RAPPELLE. DÉSOLÉE
QU'EST-CE QUI SE PASSE ?
RÉPONDS ! ALLÔ ?
ATTENDEZ !

TSUBAKI...
AS-TU
DES SOUCIS,
MIKA ?
MONSIEUR
KAWANA.
QU'EST-CE
QUI VOUS
AMÈNE ?

PEUX-TU M'ACCORDER UN PEU DE TON TEMPS ? J'AIMERAIS TE POSER QUELQUES QUESTIONS.
COMME "OÙ ÊTES-VOUS PASSÉES EN PLEIN CONCERT", PAR EXEMPLE ?
BROOM
HH...
HH...
HH...

ATTENDEZ, JE VOUS EN SUPPLIE !
FRUSH FRUSH
ガサガサ
EST-CE QUE PAR HASARD…
HH… ハァ…
HH… ハァ…
ARC NATUREL DE JÛMONJI

PARC NATUREL DE JÛMONJI
CETTE FORÊT !
BOM
BOM
BOM
BOM
ENTRÉE INTERDITE
FRUSH FRUSH

FRUSH
FRUSH
FRUSH
HH...
HH...
OÙ EST-CE QU'IL A BIEN PU PASSER ?

FRUSH
ガサ！
ATTENDEZ!!!
ザ
STAP
JE VEUX JUSTE VOUS POSER UNE QUESTION !
STAP
ザ
STAP
ザ
STAP
ザ

ATTENDEZ !!!
STAMP
ガッ
KRASH
ザザァ…

JE... JE SUIS DÉJÀ VENUE ICI !
KZIM
KZIM
KZIM
MA TÊTE !
QU'EST-CE QUE C'EST...
QUE CET ENDROIT ?

TSU...
BAKI...
RAA AAAA AAH !

ズキン
KZIM
TSU... BAKI...
ズキ
KZIM
!!!
TSUBA-KI...

CHOK
SBLISH
SBLISH

VRULL
SDOBAM
CLING
AH...
MON DIEU...
QU'EST-CE QUE J'AI FAIT ?

TSU-BAKI...
...
CE N'EST PAS...
TA FAUTE.
!!
TOUT EST UNE MACHI-NATION...
C'EST À CAUSE...
DE CE FRUIT...
...
HEIN ?
QU'EST-CE QUE VOUS AVEZ DIT ?!

DE CET ÉTRANGE FRUIT...
À suivre...

www.doki-doki.fr
contact@doki-doki.fr

STRANGE FRUIT Volume 2

Traduction et adaptation : Sébastien Bigini
Lettrage : Kristopher Decker

BAMBOO ÉDITION
290 route des Allogneraies
71850 CHARNAY-LÈS-MÂCON
Tél : 03 85 34 99 09 - Fax : 03 85 34 47 55
Site web : www.bamboo.fr
E-mail : bamboo@bamboo.fr

PREMIÈRE ÉDITION
Dépôt légal : août 2019
ISBN : 978-2-8189-6821-5

Imprimé en Italie par Lego